NICKELODEON
DORA L'EXPLORATRICE

PRINCE des NEIGES

adapté par Phoebe Beinstein   illustré par Dave Aikins

PRESSES AVENTURE

Paru sous le titre original de : *Dora saves the Snow Princess*
Publié par Presses Aventure, une division de
Les Publications Modus Vivendi Inc.
55, rue Jean-Talon Ouest, 2e étage
Montréal (Québec)
Canada H2R 2W8

Dépôt légal : Bibliothèque et Archives nationales du Québec, 2009
Dépôt légal : Bibliothèque et Archives Canada, 2009

Traduit de l'anglais par : Catherine Girard-Audet

ISBN : 978-2-89660-002-1

Nous reconnaissons l'aide financière du gouvernement du Canada par l'entremise du Programme d'aide au développement de l'industrie de l'édition (PADIÉ) pour nos activités d'édition.

Gouvernement du Québec — Programme de crédit d'impôt pour l'édition de livres — Gestion SODEC

Imprimé en Chine

Hello! Aujourd'hui je m'apprête à lire un livre à tous mes amis. Aimes-tu les livres ? Nous adorons les livres ! Babouche, Tico, Totor et Véra veulent connaître l'histoire qui parle d'une princesse des neiges, d'une sorcière et d'une fée des neiges. Vois-tu de quel livre je parle ?

Il était une fois une petite fille du nom de Sabrina qui adorait la neige. Sabrina vivait dans un coin isolé d'une forêt très aride où il ne neigeait jamais. Un jour, en se promenant, elle vit une petite colombe blanche, perchée sur la branche d'un arbre, qui pleurait.

— Que se passe-t-il ? demanda Sabrina à la colombe.

— Je suis tombée dans un piège tendu par une méchante sorcière, et personne ne veut me délivrer parce qu'ils ont tous peur d'elle.

La colombe montra à Sabrina sa patte prise au piège.

— Je vais t'aider! lui dit Sabrina en l'aidant à se libérer.

— Tu es très bonne et très brave, lui dit la colombe, tu dois être celle que j'attendais ! Suis-moi. J'ai quelque chose à te montrer.

La colombe blanche guida Sabrina à travers les bosquets.

— L'objet se trouve derrière le bosquet à fruits violets, dit la colombe.

Sabrina jeta un œil derrière le bosquet et aperçut, au sol, un bel objet étincelant.

— C'est un cristal magique, dit la colombe, regarde bien à travers en souriant.

Sabrina s'exécuta et la chose la plus étonnante se produisit.

Il se mit à neiger ! Puis, Sabrina devint la Princesse des Neiges, et la colombe blanche, la Fée des Neiges.

— Moi, une princesse ? demanda Sabrina.

— Oui. La forêt était tombée sous le joug de la Sorcière, mais grâce à ta bonté et à ta bravoure, tous les animaux des neiges ont été libérés, dit la Fée des Neiges.

Tous les habitants de la forêt étaient très heureux, jusqu'à ce qu'un jour, la Princesse des Neiges vit la Sorcière voler dans le ciel. La Sorcière fondit sur la Princesse des Neiges et s'empara du cristal. Elle grimaça en fixant le cristal et ordonna à celui-ci de faire cesser la neige, puis elle enferma la Princesse des Neiges dans le haut d'une tour.

— Maintenant, dit-elle avant de disparaître dans le ciel, il ne neigera plus jamais, ha ! ha ! ha !

La neige qui recouvrait la forêt commençait à fondre. Les animaux se mirent à la recherche de la Princesse des Neiges, mais elle était introuvable; ils demandèrent donc à la Fée des Neiges de la retrouver. La Fée des Neiges savait qu'elle avait très peu de temps avant que tout fonde.

Regardez! La Fée des Neiges vient de voler hors du livre! Elle croit que je suis la Princesse des Neiges!

Bonjour Fée des Neiges! Je ne suis pas la Princesse des Neiges, mais je crois que je peux vous aider à la retrouver parce que je sais où elle se trouve: dans la tour. Sautons dans le livre et aidons la Fée des Neiges à la retrouver. Prêt à sauter? Saute, saute, saute!

Nous devons d'abord retrouver la tour. Et à qui demandons-nous de l'aide lorsque nous ignorons notre chemin ? Oui, c'est ça, nous faisons appel à Carte ! Carte nous dit que nous devons traverser l'Océan Glacé, puis les Collines Enneigées et passer à travers la grotte avant d'arriver à la tour.

Je vois l'Océan Glacé au pied de cette grosse colline. Nous sommes installés dans un traîneau tiré par Totor.

Oh, mince ! J'aperçois Chipeur, ce renard rusé qui veut s'en prendre à la Fée des Neiges. Vite, répète avec moi :

« Chipeur, arrête de chiper ! Chipeur, arrête de chiper !
Chipeur, arrête de chiper ! »

Excellent travail ! Tu as neutralisé Chipeur.

Nous sommes sur la rive de l'Océan Glacé et nous avons besoin d'un bateau pour le traverser. Regarde, voici le bateau des Cochons Pirates! Les Cochons Pirates sont nos amis. Aide-nous à les appeler, dis: «Cochons Pirates!»

Ils viennent à notre aide. Montons sur leur bateau. Attention aux icebergs!

Regarde ! Cet iceberg n'est pas un iceberg. C'est un serpent de mer glacé qui vient droit vers nous ! Un autre sortilège de la Sorcière. Mais les Cochons Pirates savent comment se débarrasser d'un serpent de mer glacé. Tout ce qu'ils ont à faire est de crier « Arrrrrg ! » très fort. Veux-tu nous aider à nous débarrasser du serpent ? Prêt ? Crie : « Arrrrrg ! ». Bravo, tu es un grand pirate !

Les Cochons Pirates nous ont aidés à traverser l'océan et nous sommes présentement sur une colline enneigée, mais Babouche soutient que cette colline enneigée bouge. Attends... ce n'est pas une colline enneigée. La Fée des Neiges a dit que la Sorcière avait transformé la colline en ours polaire ! D'après toi, est-ce que l'ours polaire est content ou mécontent ? Mécontent ? Alors, nous ferions mieux de vite plier bagage !

Il y a une fille qui conduit un traîneau à chiens. Peut-être pourra-t-elle nous aider? Elle s'appelle Paj. Paj dit qu'elle peut nous conduire loin de l'ours polaire, à l'entrée de la grotte.

Holà ! Les chiens de Paj courent vite ! Pour contourner les collines, nous devrons nous pencher. Peux-tu te pencher vers la gauche ? Parfait ! Maintenant, nous devons nous pencher vers la droite. Parfait ! Paj et ses chiens nous ont sauvés de l'ours polaire et nous ont conduits à la grotte.

Cette grotte est vraiment sombre. Vois-tu une issue ? Oui, c’est ça, là-haut. Grimpons et sortons d’ici.

Nous pouvons maintenant apercevoir la tour et la Princesse des Neiges, mais nous devons d'abord abaisser le pont-levis pour la rejoindre. La Fée des Neiges tente de voler jusqu'au commutateur, mais comme elle a beaucoup fondu, elle peut à peine voler. Elle pourrait tomber dans le fossé infesté de crocodiles ! Nous devons aider la Fée des Neiges à voler ! Veux-tu nous aider ? Fais voler tes ailes ! Vole, vole, vole ! Tu as donné un bon coup de main à la Fée des Neiges ! Belle performance !

La Fée des Neiges a pu voler jusqu'au commutateur et nous avons rejoint la Princesse des Neiges. Elle dit que la Sorcière lui a jeté un sort et qu'elle ne peut plus sourire. Si elle ne peut plus sourire dans le cristal, il ne neigera plus jamais et tout fondra.

Je vois la Sorcière qui s'approche ! Peut-être pourrais-je prétendre être la Princesse des Neiges et sourire dans le cristal. Tu peux m'aider à sourire.

Je ressemble tout à fait à la Princesse des Neiges! La sorcière croit que je suis la princesse et que je ne peux pas sourire, mais nous avons une petite surprise pour elle! Vite, dépêchons-nous avant que tout fonde! Veux-tu m'aider à sourire dans le cristal? *One, two, three! SMILE!*

C'est gagné ! Nos sourires ont fait en sorte qu'il neige à nouveau et que la sorcière perde ses pouvoirs à tout jamais ! La Forêt Enneigée Magique est maintenant à l'abri !

La Princesse des Neiges nous a tous vêtus comme des princes et princesses. Mais nous pouvons tous nous sentir comme des princes et des princesses si nous sommes bons et braves et aimons aider nos amis ! Merci d'avoir été bon et brave et de nous avoir aidés. *Goodbye!*